AF311246

LE CANTIQVE
DES
CANTIQVES
DE SALOMON.

TRADVCTION EN VERS

selon le sens Litteral, qui se doit expliquer par un
sens mystique, tirée de la Version en Prose,
employée dans le Breviaire Latin & François,
pour les jours de la Feste & de toute l'Octave
de l'Assomption de la Vierge, par M. DE MA-
ROLLES Abbé de Villeloin : Cette édition de
l'année 1659, en quatre Volumes, reveuë &
corrigée, avec Privilege & Approbation.

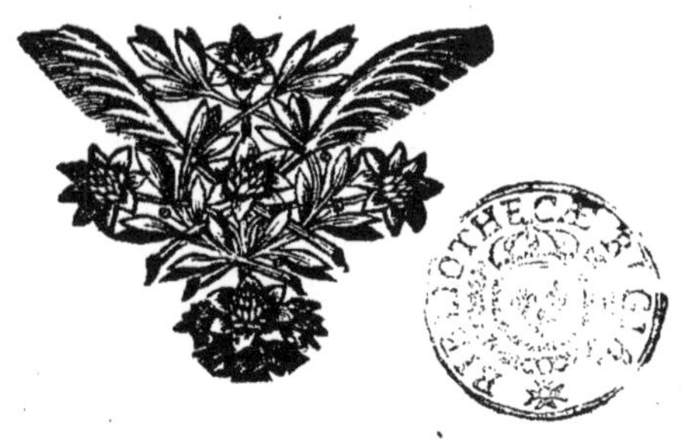

A PARIS,

De l'Imprimerie de JACQUES LANGLOIS, fils,
ruë Saint Jacques, au coin de la ruë des Noyers,
prés Saint Yves.

M. DC. LXXVII.

AVIS.

JE ne veux point faire icy le Sçavant, pour donner des explications litterales ou morales des Similitudes que le Prophete employe dans son Ouvrage: Il seroit inutile & difficile d'en donner de telles, qu'elles peussent contenter tout le monde. D'autres aussi l'ont fait, comme ils ont pu: seulement dirai-je que quelques-uns ont observé que tout le Texte sacré n'a point fait de mention ailleurs de la Tour du Liban, qui regarde vers Damas, non plus que de la Porte de la Fille de la Multitude, où estoit la Piscine, à laquelle l'Autheur Sacré compare le Col de la Sulamite : & que le mot qu'on a interpreté par *Mandragore*, & que nous avons expliqué par *Truffes*, ne se trouve que dans le 30. Chap. de la Genese, en parlant de Rachel, & dans le 7. Chap. des Cantiques, qui est une erudition de Philippe Codurc, celuy-là mesme qui le premier a nommé *Politique Royale* le Livre de l'Ecclesiaste de Salomon, bien que ie n'en aye jamais pu deviner la cause : & qu'en effet, ie ne sçai pas mesme, s'il a dû le nommer ainsi, ne voyant point du tout de raport, des Maximes & des Regles sacrées de ce divin Livre, à ce qu'il appelle *Politique Royale*.

Chacun par sa meditation, en apprendra beaucoup plus que de tout ce que ie pourrois icy alleguer, croyant d'ailleurs avoir esté assez fidelle dans le sens de ma Version, où j'ai employé tout le soin & toute la vigilance dont ie suis capable.

Ma composition est de 460 Vers, & celle de la Pastorale Sacrée de M. C. est de 670.

PREFACE
sur le Livre du Cantique des Cantiques de Salomon.

CE t Ouvrage Divin est un Poëme Dramatique ; ou, si l'on veut, c'est une sainte Pastorale en Dialogue : mais non pas un Poëme divisé en cinq Actes, selon la pensée de l'un des plus excellents hommes de l'Academie Françoise, qui s'est expliqué sur ce sujet avec beaucoup de marques de son érudition dans la Langue Grecque & dans la Langue Orientale. Ce qu'il fait assez connoistre par divers mots, qu'il en allegue dans presque tous ses Ecrits.

Quoy qu'il en soit, cette piece, qui est dite le Cantique des Cantiques de Salomon, & dont le 3. Livre des Roys 4. 32. semble marquer exprés qu'il en est l'Autheur, ainsi que son titre le porte, est donc certainement un Ouvrage divin, soit qu'il ait esté écrit par la main de ce Roy, ou qu'il ait esté dicté de sa bouche, ou qu'il ait esté composé en son honneur par quelqu'un des Prophetes, dont le nom est ignoré. Il contient mystiquement en esprit prophetique les Amours de JESUS-CHRIST & de son Eglise, sous les noms du Pacifique & de la Sulamite, ou de l'Epoux & de l'Epouse.

Là, mesmes, en divers endroits, sont introduits d'autres Personnages, qui donnent lieu à beaucoup d'action dans ce Poëme, bien qu'il ne soit pas disposé par son Autheur pour l'usage du Theatre. On a suivi fidellement sa pensée en toutes choses avec la force de ses termes, autant qu'on l'a pû faire, & que les loix de la Poësie l'ont pû souffrir, sans y avoir rien adjousté, pour la contrainte de la versification, dans une necessité indispensable, que conformément au sens de Salomon, qui use de redites à la maniere de plusieurs, qui ont écrit entre les Anciens. Mais ces redites-là mesmes ont esté renduës differemment, selon l'abondance de nostre Langue, qui n'est point si miserable, ni si defectueuse, que quelques-uns des nostres l'ont voulu insinuer dans leurs Ecrits, ou par leurs discours de vive voix dans la conversation. Ce qui fait bien connoistre que le bel usage ne leur en est pas trop familier : mais il l'est bien moins encore à ceux, qui l'appellent *un Iargon*, ou *un Barragoin* (qui sont d'étranges mots) ou qui la nomment *Servante, Fole, & Inconstante*, ne le font tout exprés de la sorte, que pour relever infiniment au dessus d'elle l'élegance & la beauté de la Langue Latine, à quoy la discipline du College les a pu accoustumer de longue main. Mais cela d'ailleurs eft fi mal-honnefte & fi peu vray, que fi l'on fe fait juftice, ou fi l'on eft tant foit peu raifonnable par la connoiffance de l'une & de l'autre Langue, peuteftre que les plus opiniaftres feront enfin contraints d'avoüer, que la Langue Françoife, parmi ceux qui fçavent aujourd'huy l'art de s'en bien fervir, n'eft point du tout inferieure à la Latine, cette Langue tant eftimée, qu'on ne méprife point ; & qui ne laiffera pas auffi de conferver toutes fes beautez & toute fon élegance dans les Ouvrages de ceux, dont le merite & la reputation font connus de toute la terre.

Les Autheurs de ces beaux Ouvrages, l'ont cultivée avec foin; ils ont eu raifon d'en ufer de la forte ; ils s'en font bien acquitez : &, fi nous l'entendons bien auffi, nous n'avons pas moins d'obligation qu'ils en avoient, de les imiter en cela, pour faire honneur à noftre Langue & à noftre Nation, qui d'ailleurs nous offre des moyens admirables, pour nous y encourager, & pour y reüffir heureufement.

Monfieur l'Abbé Cotin, a qui le hazard ou la bonne fortune a donné fi fouvent les Charges de Chancelier & de Directeur de l'Academie Françoife, felon la couftume qui s'y pratique, devant laquelle, dans fes Affemblées extraordinaires, il lit prefque toufiours de fes beaux Vers, ou quelque piece d'éloquence, a fait un Livre intitulé *La Faftorale Sacrée, ou la Paraphrafe du Cantique des Cantiques, felon la Lettre, avec plufieurs difcours & obfervations.* Cet Ouvrage imprimé à Paris chez Pierre le Petit en 1662. mais fur tout, approuvé en beaucoup d'endroits *par la Compagnie de France, la plus éloquente & la plus polie* ; c'eft à dire, par les Illuftres Confreres de Monf. Cotin, qui fe recrierent un jour tous d'une voix, fur un certain endroit de fa Paftorale Sacrée, en fa faveur, *Veni coronaberis de vertice Amana,* pour dire que fon explication avoit remportéle prix, comme il l'écrit luy-mefme en la page 352. de fon Livre : & mefme quelqu'un de ces Meff. s'offrit par galanterie de luy aller cueillir du Laurier dans le Jardin de Monfieur le Chancelier, chez qui l'Academie fe tenoit alors. Monfieur l'Abbé Cotin, dis-je, a traité ce fujet, à fa maniere, d'une façon Poëtique pour l'ajufter au jeu reprefentatif, voulant mefme que ce foit une neceffité d'en ufer de la forte, pour s'en bien acquiter, puifque le Poëme eft appellé Dramatique par Genebrard, & par quelques-uns des Anciens, tels que S. Hierôme & faint Auguftin : mais non pas, fans des explications qui luy font particulieres, qu'il reconnoift luy-mefme pour eftre fort nouvelles, & qui le font auffi, étendant beaucoup les unes, & refferrant merveilleusement les autres, sans rien dire d'un grand nombre de choses, qu'il a passées entierement sous silence, ou qu'il a dissimulées à dessein. Ce que ie n'ai pas imité : comme il est vrai aussi, que j'ai cherché long-temps le Livre, dont je parle, que j'avois entre les miens, où il estoit égaré, depuis que j'eus achevé cette Version, & qu'il est certain encore, que ie l'ai faite en trois jours, c'est à dire depuis le 30. de Mars jusques au 1. d'Avril ensuivant, qui est l'effet d'une rapidité aussi grande pour la composition d'un tel Ouvrage (Dieu l'ayant permis ainsi) que M. l'Abbé Cotin a dit luy-mesme, qu'il a employé beaucoup de temps à faire la sienne, distribuée en Pastorale Sacrée : car voicy comme il en parle en la page 224. de son Livre. *Certes, il seroit bien ridicule que j'eusse fait tant & de si longs efforts, que j'eusse tant pris de peine à faire mes Vers, afin qu'on n'en eust point à les lire, que j'eusse fait tant de vœux, & consulté tant d'Oracles, pour m'en aller bassement applaudir à la corruption du Siecle :* apres avoir dit, que *l'impieté a profané les passages du Cantique, parce que l'impieté est ignorante : & qu'il faut bien qu'-elle le soit, puisque toute clarté vient d'en-haut, & qu'elle part du Pere des lumieres.* D'où il est aisé de juger, jusques où l'Autheur de cette noble expression, porte le sens de ces mots. Et, dans la page 412. *Le judicieux & sincere Monf. Chapelain,* dit-il, *si consommé dans la belle Poësie, si sçavant aux loix du Theatre, si bien instruit dans la bien-seance des choses, est demeuré d'accord,* que son interpretation, touchant la structure & la conclusion du Poëme des Cantiques, de la façon qu'il s'en est expliqué sur ces paroles,

Fuy-t-en comme un Chevreüil sur les Monts odorants, estoit un secret, dont il n'avoit point oüi parler : & que cependant, sans cela, on rechercheroit encore la conclusion de ce bel Ouvrage : car les sentiments de M. Chapelain en toutes choses, ont tousiours esté grandement estimez, & sur tout, comme il est dit icy, *Pour les Poëmes Heroïques & Dramatiques,* dont aussi a-t-il receu pendant sa vie tant de marques honorables de l'estime que l'on a faite de son rare merite & de son erudition, bien que je ne sçache pas qu'il ait jamais composé de pieces de Theatre, ni qu'il en ait fait aucun traité.

On n'a donc rien emprunté de la Pastorale de M. Cotin ; ce que tout le monde jugera facilement, sans qu'il soit besoin de le prouver, bien que je l'estime, comme l'un des plus beaux Ouvrages de cet Autheur, a qui appartiennent en particulier toutes les loüanges que chacun de ses doctes Confreres, se donnent fi liberalement en general les uns aux autres en diverfes occafions : Et ce n'eft peut-eftre pas fans deffein qu'il a obfervé, comme il l'écrit luy-mefme, *felon la penfée des Maiftres*, que le dernier Acte de fa Paftorale eft un peu preffé, pour en marquer la conclufion precipitée fi finement découverte par ces mots, *Fuge dilecte mi ficut Hinnulus cervorum fuper montes aromatum.* Ce qu'il appuye encore par ces paroles d'Horace, qu'il appelle *le Grand Maiftre ;* c'eft dans fon Art Poëtique, *Quintum feftinat ad actum* : Explication heureufe, dit-il, que les habiles gens ont receuë avec applaudiffement. Voyez fur cela les pages 211. & 412.

Apres tout, c'eft une chofe inconcevable, comme il luy a plû d'ajufter au Theatre une piece telle que le Cantique des Cantiques, s'il n'y a rien voulu changer du fens & de la difpofition des paroles du Texte : Et certes, bien que ce divin Ouvrage foit un Poëme en Dialogue, & de telle forte que le Poëte n'y parle point du tout, ce qui le fait appeller *Poëme Dramatique*, cela pourtant, ce me femble, ne fçauroit obliger qui que ce foit, & fur tout de ceux que M. C. appelle fi fouvent *les Maiftres*, de maintenir auffi fortement qu'il le fait, que ce foit une Paftorale reprefentative, telle que le font quelques-unes que l'on a pu voir quelquesfois fur la Scene, comme l'Amynte du Taffe, ou le Pafteur de Guarini, ou l'Alcée de Sanazare : Et de dire encore que cette piece eft divifée en cinq Actes, & de l'y diftribuer en effet, c'eft ce qui eft de plus merveilleux. Que fi cela doit eftre ainfi, dont l'on ne fe feroit pas défié, Salomon n'auroit pas efté fort éclairé en cette forte de Poëfie, faifant auffi fouvent qu'il le fait dans un mefme Acte, que les Scenes fe fuivent entre les mefmes Perfonnages, fans y rien changer, lefquels auffi ne font guere autres que l'Epoux & l'Epoufe, ou les Compagnes de celles-cy, & des Chœurs de Bergers que M. C. y admet en deux endroits.

Premierement l'Epoufe y parle en elle-mefme : apres elle addreffe fa parole à l'Epoux qu'elle voit, dans la mefme Scene : puis l'Epoux luy parle : elle luy répond enfuitte : il luy replique : elle l'admire : elle s'endort. L'Epoux addreffe fa parole à fes Compagnes : & l'Epoufe ayant recité 32 Vers en dormant, finit ainfi le premier Acte.   Le fecond commence par le Réveil de cette Epoufe, qui parle à fes Compagnes : & ce qu'il introduit enfuite, eft un Chœur de Bergers pour 24 Vers, puis l'Epoux arrive qui parle à l'Epoufe, d'où l'Autheur infinuë que la piece commence fur le foir, & fait entendre pour Salomon, qu'il avoit une maison de campagne auprés de Jerusalem, qui se nommoit le Parc du Liban, laquelle il décrit en 36 v. l'Epouse meine l'Epoux en son Jardin. Voila le 2. Acte. L'Epouse ouvre le troisiéme avec ses Compagnes, ayant laissé son Epoux avec ses Amis sous la treille; & dit, que c'est là que commence l'intrigue & le nœud de la piece, quand elle raconte à ses Compagnes l'avanture de l'Epoux qui vint à la porte de sa chambre dans le temps qu'elle avoit dépoüillé ses vestements. Ce qu'elle fait en 36 vers; puis la seconde Scene est un Chœur des Filles de Jerusalem avec l'Epouse, qui leur fait le recit des beautez de l'Epoux. Voila le troisiéme Acte. Le quatriéme commence le dénoüëment de toute la piece, dit l'Autheur de la Pastorale: & là, d'abord l'Epouse avec ses Compagnes rencontre l'Epoux: En la seconde Scene, ce mesme Epoux qui estoit assis, va au devant de l'Epouse: & puis les Compagnes font un chant nuptial: l'Epouse demeure avec ses Compagnes pour la 3. Scene, & puis pour la 4. elle fait mine de s'en aller: l'Epoux rentre & se promeine avec l'Epouse, s'entretenant avec elle sur divers sujets. C'est pour le 4. Acte. Au 5. l'Epouse parle seule: puis, apres vingt Vers, elle fait comme une excuse de ce qu'elle avoit refusé d'ouvrir à son Epoux; *ce qui l'avoit*, dit-il, *broüillé avec elle*; peut-estre veut-il dire, *broüillée avec luy*. La seconde Scene est des Compagnes de l'Epouse, qui se trouvent à son Réveil. Puis il introdüit un Chœur de Bergers. Dans la 3. & derniere Scene, l'Epoux & l'Epouse s'entretiennent ensemble. Enfin ils cessent de parler & de s'entretenir, par ces mots de l'Epouse.

> *Tous les autres Bergers me sont indifferents:*
> *Fuyons comme Chevreüils sur les Monts odorants,*
> *Et n'ayons pour témoins de nos flâmes fideles,*
> *Que le Ciel & l'Amour, qui nous prette ses aîles.*

Voila l'œconomie de la Pastorale Sacrée, à laquelle il est malaisé de raporter justement tout ce qui se lit dans le Cantique.

Et pour connoistre clairement, comme il n'a pas tousiours jugé à propos de suivre le sens des paroles du texte de la vulgate Latine, qu'il a imprimée vis-à-vis des Vers, avec la traduction Françoise des Docteurs de Louvain, telle que tout le monde sçait qu'elle est; il ne faut que jetter les yeux sur les pages 262. & 263. comme sur celles qui precedent depuis 235. & sur les suivantes jusques à la 283. car là, certainement le raport n'est pas exact, dont je m'étonne: car seroit-il possible que c'eust esté par un dessein premedité de l'Autheur?

Au reſte, il eſtend fort la verſion de ces mots *meliora enim ſunt ubera tua vino*, dans le 1. Acte de la Paſtorale en la page 235. & élude à deſſein le ſens litteral de ceux-cy, *æquitatui meo in curribus Salomonis aſſimilavi te.* Ce qu'il fait de meſme en beaucoup d'autres lieux, où peut-eſtre encore a-t-il voulu interpoſer les paroles du Prophete, dont il ne faut pas douter auſſi, que s'il en a uſé de la ſorte, il n'en ait eu de bonnes raiſons, ſans quoy il ne l'auroit pas fait, comme il ne luy euſt pas eſté mal-aiſé d'en uſer autrement, s'il euſt voulu, eſtant un auſſi bel eſprit qu'il eſt, & d'ailleurs eſtant fort verſé dans les connoiſſances de la langue Hebraïque.

Cependant, il faut excuſer dans ſon Ouvrage beaucoup de fautes d'édition, outre celles qu'il a marquées dans le Catalogue qui s'en lit à la fin : & l'on ne peut douter, par exemple, que ce n'en ſoit une dans la page 261. où l'on a imprimé *en vaſes d'or fondées*, au lieu de *en bazes d'or fondées* : car à trois pages de là, le texte porte *Crura ejus columnæ marmoreæ quæ fundatæ ſunt ſuper baſes aureas.*

La fleur *de la Marjolaine*, dont il eſt parlé au meſme endroit, n'eſt ni du texte, ni de la nature des fleurs : mais cela ſe dit poëtiquement, comme il compare ailleurs les chaînons des carcans de l'Epouſe, à une lamproye. Et de la page 255. j'apprens de luy, qu'il faut dire *Perſique*, au lieu de *Perſigue*, comme on parloit autrefois. Dans la page 257. où l'Epouſe dit à ſes Compagnes, commençant l'intrigue de la piece :

> *Mais comment me lever, ai-je dit, pour réponſe*
> *A cette gracieuſe & preſſante ſemonce ;*
> *Ie me ſuis miſe au lit, & mes pieds ſont lavez,*
> *Les irai-je ſalir ? qu'eſt-ce que vous avez ?*
> *Que me demandez-vous ? &c.*

qui ſont toutes expreſſions Paſtorales & naïves, qu'on a trouvées telles qu'elles le doivent eſtre ſur ce ſujet.

Il met un chant Nuptial dans la bouche des Compagnes de l'Epouſe en la page 267. dont je ne m'eſtois point apperceu en compoſant mon Ouvrage, apres ces paroles *Reginæ & Concubinæ laudaverunt eam.* Au ſujet de quoy, il a changé judicieuſement la meſure du Vers, & a ſubſtitué des expreſſions agreables. Mais il ſera bon de lire cette Paſtorale toute entiere, pour en mieux connoiſtre l'artifice & toutes les beautez tant admirées, dont je veux bien avoüer franchement, que je n'ai pas approché, & qu'il ſeroit difficile à qui que ce ſoit d'aller plus loin, fuſt-il de l'Academie meſme, cette Compagnie ſi éloquente & ſi polie, comme il a déja eſté dit.   L E

LE CANTIQVE
DES
CANTIQVES.
CHAPITRE PREMIER.

Paroles mystiques & discours spirituel de l'Amour Divin, entre le Sauveur de tous les hommes, & l'Eglise son Epouse.

Les Ennemis domestiques luy font d'étranges persecutions.

Le Cantique des Cantiques, qui est de Salomon, c'est à dire le grand Cantique celebré en l'honneur de Salomon, entendu figurément par le vray Messie, qui est Jesus-Christ.

QU'il me baise tousiours des baisers de sa bouche :
Tous mes sens sont charmez au moment qu'il me touche.
Car certes vos Amours sont plus doux que le Vin,
Eprise que ie suis de leur parfum divin.
L'odeur de vos parfums, Berger incomparable,
Vous rend également, comme elle est, admirable.
Vostre nom mesme aussi se pourroit comparer,
A l'huile de senteur qu'on ne peut separer :
Bien qu'en effet par tout elle fust épanduë,
Sans estre neantmoins trop diffuse, ou perduë :
De là vient qu'en tous lieux les filles ont cheri
Ce nom si precieux qui leur est favori.
Attirez-moy par tout : faites que ie vous suive :
Sans cela, ie mourrai : mais faites que ie vive.
Nous sommes en estat de courir apres vous :
Rien n'arreste nos pas pour vos parfums si doux.

Le Roy m'a fait entrer dans sa divine Chambre :
Nous nous réjoüirons avec l'odeur de l'ambre.

B

Nous nous réjoüirons avec vous, ô mon Roy :
Parmi tant de bontez, quel sera nostre employ ?

   Que vostre sein me semble une chose divine !
Il vaut mieux que le vin, quand sa force domine.
O Filles de Sion, que les honnestes gens,
Pour courir apres vous se montrent diligens !

   Je suis brune, il est vray ; mais ie suis agreable :
Aux Tentes de Cedar ma force est comparable.
Ie suis telle peut-estre aux yeux du Prince Ammon,
Que sont les Pavillons du grand Roy Salomon.

   Ah ! ne prenez pas garde, au moins si ie suis brune,
Le Soleil m'a halée en troublant ma fortune.
Les enfans de ma mere ont mon sort débatu :
Ne pensez pas pourtant qu'ils choquent ma vertu.
Ils m'ont tous obligée à veiller sur les vignes,
Détournant mes regards de mes plantes insignes.
I'en avois éloigné mon soin entierement :
Mais, où sont vos Brebis, dites-moy, cher Amant ?
Où les faites-vous paistre au fort de la journée ?
Pourquoi serois-je ici comme une abandonnée,
Parmi tous les Troupeaux de ceux que vous aimez,
Qui gardent avec vous les Bestiaux fermez ?

   O ! si vous l'ignorez, la plus belle des femmes,
Sortez, sortez soudain sans y mesler de trames,
Et suivez en tous lieux les traces du Troupeau,
Vous y pourrez mener le jeune Chevreau :
Et de tous nos Bergers, vous joindrez les Cabanes,
Couvertes d'Aions verds, de Roseaux & de Canes.

   Si de vous ie faisois une comparaison,
Aux Cavales qui sont au Char de Pharaon,
Peut-estre en seriez-vous, ma Maistresse, étonnée,
En cela, cependant ie vous tiens fortunée :
Et vostre joüe encore, ma Belle, a du rapport
A cette Tourterelle en son plus doux transport :
Vostre col est orné de perles precieuses,
De vos riches carcans, elles sont glorieuses.

Nous vous ferons ici des chaînons precieux,
Qui de l'or & l'argent se tiendront glorieux.
   Le Roy se trouve-t-il assis en quelque place ?
Mon Essence de Nard en occupe l'espace.
Mon cher Amant aussi demeure sur mon sein,
Comme un sachet de Myrrhe achevant son dessein.
Mon Amant tout divin, m'est un Bouquet de Myrrhe,
Cüeilli dans les jardins d'Engadi qu'on admire.
O Dieu que de beautez ! que vous avez d'appas !
Vos charmes sont trop forts pour ne les dire pas.
Vos yeux sont plus perçants que les yeux des Colombes:
Oüi vos yeux sont plus vifs que le cœur des Palumbes.
Que ie vous trouve beau, mon adorable Amant !
Que vos attraits sont doux ! que vous estes charmant !
Voyez que nostre couche est belle & verdoyante,
Demeurez-en d'accord, n'est-elle pas galante?
Les poutres du logis sont de Cedre odorant :
Les lambris de Cypres, vont le reste entourant.

CHAPITRE II.

L'Epoux est comparé au Lis, & l'Epouse à la Rose : elle entend la Voix de l'Epoux.

JE suis la Violette, & le Lis & la Roze
   Des Champs & des Valons où l'Epine est enclose :
Tout ainsi que le Lis croit parmi les Aions,
Ma Compagne est de mesme entre les Sauvageons.
   Ainsi qu'est le Pommier dans un Verger sauvage,
Tel est mon Bien-aimé parmi ceux de son âge.
Sous son ombre souvent, j'ai desiré m'asseoir,
Et je m'y suis assise éprouvant son pouvoir.
En mangeant de son fruit, sa douceur à ma bouche,
Me réjoüit soudain que mon palais le touche.
Dans le celier du vin, en m'adressant un jour,
Il me fit bien sentir l'effort de son Amour.

De ce Vin excellent empliſſez nos bouteilles :
Donnez-moy de ces fruits qui feront des merveilles
S'il faut que j'en eſpere une aſſiſtance un jour :
Ce n'eſt pas ſans beſoin : car je languis d'amour.
Sa main gauche il a miſ͗ ſous ma teſte, & m'embraſſe
De ſon aimable droite, afin qu'il me delaſſe.
O Filles de Sion, je vous conjure icy,
Par les Chevreüils des Champs, par les Biches auſſi,
De ne pas éveiller cette belle perſonne,
Attendant que ſes yeux le ſommeil abandonne.
Cette voix eſt la voix de mon Ami qui vient,
Bondiſſant ſur les Monts, il m'aime, il me ſouſtient.
Mon Amant eſt ſemblable au Chevreüil des Montagnes,
Ou bien au Faon des Cerfs, qui court dans les Campagnes
Il s'arreſte ſouvent derriere la paroy,
Pour voir par la feneſtre où ſera noſtre employ.
Par les trillis encore, il voit noſtre beſongne,
Bannit l'oiſiveté, qui le travail éloigne.
Il veut que l'on s'occupe, & cherit le travail,
Quand il n'a pas beſoin d'un ſi grand attirail :
J'ay de mon cher Amant entendu la parole :
Il m'a dit, levez-vous : ſa voix n'eſt point frivole.
Ma Compagne, ma belle, il eſt temps de venir;
Venez ſans differer, afin de nous unir.
Car l'Hiver eſt paſſé comme le temps de pluye,
Et la rude Saiſon qui chaque choſe ennuye.
Les fleurs pouſſent à force & ſe montrent au jour,
Le chant de l'Aloüette auſſi parle d'amour:
Et la Tourtre s'entend, qui ſa plainte reſſerre,
Sans craindre que quelqu'un luy declare la guerre;
De bonne-heure ſes fruits le Figuier a produit,
Et la Vigne ſa grappe a fait groſſir ſans bruit.
Levez-vous, levez-vous, ma Compagne, ma belle,
Entendez plaindre icy l'aimable Tourterelle.
Ma Colombe demeure aux pertuits des Rochers :
Elle ſe tient cachée aſſez loin des Archers.

Montrez-moy voftre veuë, & ditte une parole,
Qui me faffe plaifir, d'un ton, qui me confole :
Car voftre voix me touche, & voftre air obligent
Me fera devenir doublement diligent.
Surprenez les Renards, qui defolant nos Vignes,
Donnent de leur malice inceffamment des fignes,
Quand on les voit fleurir, ou bourgeonner encor,
Ils diffippent ainfi leur precieux Trefor.
Mon Amant m'aime-t-il ? je l'aime tout de mefme :
Il paift entre les Lis tout fon trouppeau que j'aime.
Avant que le vent foufle amenant le ferein,
Et que l'ombre s'enfüie ou quitte ce lieu fain ;
Revenez, revenez, mon bien-aimé, ma joye,
Imitant le Chevreüil entre-coupant la voye.

CHAPITRE III.

*L'Epoufe adhere infeparablement à fon Epoux. Chançon
à la loüange de l'Epoux & de l'Epoufe. Salomon Figure de Iefus-Chrift.*

J'Ay dans mon lit cherché durant toutes les nuits,
Celuy que j'aime tant pour guerir mes ennuis.
Mais je n'ai pas trouvé cette rare perfonne,
Dont mon Ame s'afflige, & mon Efprit s'étonne.
Il faut que je me leve en attendant le jour,
Et je m'informeray par tout de mon Amour.
J'irai de Ruë en Ruë & par toute la Ville,
Dans tous les Carrefours, en me montrant agile :
Je chercheray par tout en tous lieux mon Amour,
A ces foins deftinant & la nuit & le jour.
Enfin je l'ay cherché, par tout celuy que j'aime
Mais je n'ai rien trouvé qu'une fatigue extréme,
Si ce n'eft en marchant les Officiers du Guet.
Ne l'avez-vous point vû, leur dis-je à ce fujet ?
Mais les ayant paffez, je fus affez heureufe
Pour rencontrer celuy, dont je fuis amoureufe :

Je me saisis de luy : je ne le quittai point,
Que je ne l'eusse mis chez ma mere en bon point :
Et retenu chez elle en la chambre connuë,
Où demeure en repos celle qui ma conceuë.

 O Fille de Sion, parmi de tels écüeils,
Je vous conjurerai par les Faons des Chevreüils,
Que vous n'éveilliez point ce bel Objet que j'aime,
S'il ne le trouve bon pour cela tout de mesme.

 Quelle est cette merveille en montant du desert?
Ainsi qu'une fumée où tout est découvert?
Tout ainsi qu'une Palme ou Colonne allumée
Où la Myrrhe & l'encens l'ont d'odeur parfumée?
Icy se voit le lit du Grand Roy Salomon,
Où soixante vaillants acquierent le renom :
Des braves d'Israël les plus considerables,
Tous maniant l'espée, en force redoutables :
Chacun portant l'espée au costé nuit & jour,
Pour honnorer sa gloire & son Divin Amour.
De Cedre du Liban, il s'est fait une couche :
Où l'argent des pilliers l'indigence effarouche :
Le fond du lit est d'or, d'écarlatte est son Ciel :
Et du dedans la belle a fait l'essentiel.

 O Filles de Sion celebrez sa Victoire :
Regardez Salomon couronné par la Gloire.
Au jour de son Hymen, sa mere a couronné
Son front que sa Naissance a d'or environné.

CHAPITRE IV.

*Les loüanges de l'Epouse, qui est l'Eglise, sans avoir de
foüilleure ; l'Amour du Divin Epoux envers sa Sainte
Epouse.*

MA nompareille Amante, ô ma belle Maistresse,
Que vous avez d'attraits & de delicatesse!
Vos yeux sont de Colombe, & gardent au dedans
Des appas merveilleux & des charmes puissans.

Vos cheveux si bouclez sont des troupeaux de Chévres,
Qui, du mont Galaad, en remuant leurs lévres,
Ondoyent si souvent descendant vers le bas :
Et vos dents, des Brebis, ont les charmants appas,
Avecque leur blancheur venant de la Riviere,
Toutes ayant fait voir des jumeaux en lumiere,
Leur donnant à tetter, d'une égale toison,
Dés qu'on les apperçoit venir à la maison·
Vos lévres où l'on voit que la rougeur éclate,
Font une bandelette, à nos yeux, d'écarlatte.
Parmi tant de beautez, vostre entretien est doux :
Et rien n'est comparable à l'air qui vient de vous.
En quartier de Grenade, où la pudeur se joüe,
Voftre taint nompareil brille sur voftre joüe.
Voftre col eft ainfi que la Tour du grand Roy,
Qui la baftit fi bien dans fon Royal employ,
A boffages formée, où pendent pour fa gloire,
Tant de mille Boucliers, monuments de Victoire,
Où font tant d'Efcuffons de fes Guerriers vaillans,
Employez par David glorieux Affaillans.
Vous eftes toute belle, ô ma chere Maiftreffe :
Rien ne ternit auffi voftre noble tendreffe :
Vous eftes fans défaut ; venez toft du Liban :
Mon Epoufe, venez, pour obfcurcir Titan.
Venez du Mont Liban, mon Epoufe divine :
Du fommet d'Amana, vous verrez la Marine :
Du fommet de Senir, & du fommet d'Hermon,
Vous verrez ce que peut voftre Roy Salomon :
Vous le verrez de loin du repaire des beftes :
Et fur les Loups cerviers, vous ferez des Conqueftes.
Ah ! vous m'avez ravi, mon Epoufe, ma fœur :
Vous m'avez enlevé mes Amours & mon cœur.
D'un feul de vos regards, vous m'avez mis par terre ;
Vn feul de vos cheveux me captive & me ferre.
Voftre fein à mes yeux eft un objet divin :
Il paroift à mon fens plus charmant que le vin.

Et, de tous vos parfums, l'odeur est plus exquise
Que les baûmes exquis de la Terre promise.

De vos levres, ie croy, que comme un don du Ciel,
Découle inceſſamment quelque rayon de miel.
Le doux miel & le laict, ô mon Epouſe aimable,
Prennent de voſtre langue une ſource admirable.
Comme ſont nompareils tous vos rares accents,
L'odeur de vos habits, eſt l'odeur de l'encens.
Mon Epouſe, ma Sœur, certes ie le puis dire,
Eſt un jardin fermé pour lequel ie ſoûpire.
C'eſt un jardin fermé, contenant au milieu,
Vne fontaine illuſtre obſervée en ſon lieu.

Tout ce qui ſort de vous, excellente perſonne,
Me figure l'odeur d'une vive Couronne,
Qui des fleurs de Grenade, où ſe meſle le Nard,
Et l'Aſpic precieux, & le Myrthe ſans fard,
Façonnent à l'envi pour la rendre admirable,
Sans que l'excez y jette aucun brin mépriſable.
Voſtre odeur me dépeint le Nard & le Saffran,
Le Roſeau qui ſent bon, qui ſort d'un doux Eſtang,
L'Aloës precieux, & la Myrrhe excellente,
Dont l'odeur agreable, eſt toûſiours ſi charmante.

O Fontaine d'Eau vive au milieu des Iardins,
Dont les Ruiſſeaux heureux du Liban ſont ſi fins!
Venez, Vents de Midi, Vents d'Aquilon encore,
Soufflez dans mon Iardin dés le point de l'Aurore,
Afin que les Odeurs exhalent les Parfums,
Contre l'opinion des ſentimens communs.

Que donc en ſon Iardin, mon cher Amant arrive,
Et que de ſes bontez jamais il ne me prive.

CHA-

CHAPITRE V.

L'Epoux qui est le Christ invite son Epouse, qui est l'Egli-se, à la participation de tous ses biens. L'Epouse entend sa voix. La pureté de cette Epouse. Ses paroles aux filles ses Compagnes. Les paroles des filles à l'Epouse. Les loüanges de l'Epoux.

MON Epouse, ma Sœur, venez en mon Iardin:
I'ai cueilli la Lavande avec le Romarin,
Son odeur nompareille est une odeur charmante;
La douceur de mon miel, est sans doute excellente.
Avallant de mon laict, j'ai bû de mon bon vin.
Mes Compagnons, mangez, beuvez, il est divin.
Comme il est excellent, enyvrez-vous de mesme:
Vous n'épuiserez point son abondance extréme.
Je dors, mais mon cœur veille: & c'est de mon Ami,
La parole & la voix, qui n'est point endormi.
Il heurte, ie l'entens, ouvrez-moy, ma Mignonne,
Ma Colombe, ma Sœur, ma Parfaite, ma Bonne.
Car ma teste est humide, & j'ai tous mes cheveux,
Trempez de la Rosée, en vous faisant des Vœux.
Je me suis dépoüillée, & ie suis toute nuë,
Faudroit-il m'habiller pour vostre bien-venuë?
Mes pieds nets sont lavez, les faudroit-il sallir?
Cependant de sa main, il me fait tressaillir.
La main de mon Amant a passé par la porte:
Dont mon sein tout émû, l'est d'une étrange sorte.
Je voulus donc ouvrir, enfin à mon Amant:
M'occupant à ce soin, il me parut charmant.
Tandis que de mes mains, ie distile la Myrrhe,
Et de mes doigts encore une odeur de Poncire,
Si-tost que j'eus touché la Barre & le Verroüil,
Qui me sembla plus doux que l'odeur du Fenoüil.
J'ouvris à mon Amant: mais, sans m'avoir ouïe,
Il s'estoit retiré, dont ie fus éblouïe.

Je treſſaillis ſi-toſt que j'entendis ſa Voix :
Je l'ay cherché par tout dans la plaine & le bois.
Mais ſans l'avoir trouvé j'ay perdu ſa preſence :
Et pour moy, qui l'appelle, il eſt dans le ſilence.
Les Gardes de la Ville, au fort de mon tourment,
M'ont battuë & bleſſée en leur emportement.
Ceux qui faiſoient la ronde, ont arraché mon voile,
Et m'ont fait endurer le ſerein de l'Eſtoile.
    Filles, ie vous conjure, en mon affliction,
Que tout Ieruſalem ſçache ma paſſion.
Si vous trouvez auſſi le ſujet de ma flame,
Dittes à mon Amant, qu'il eſt toute mon Ame.
Dittes-luy, dittes-lui, que ie languis d'amour,
Et que pour luy ie brûle en ces lieux nuict & jour.
    Quel eſt donc voſtre Amant, la plus belle des femmes?
Dittes-nous quel il eſt pour éteindre vos flames.
Mon Amant eſt vermeil avecque ſa candeur :
Il paroiſt comme un Chef avec grande ſplendeur,
Au deſſus de dix Mille, allant ſous ſon Enſeigne,
Sa teſte comme l'or, n'a pas beſoin de peigne :
Ses cheveux ſont bouclez ſi naturellement,
Que rien ne les égale avec ſon ornement.
    Ils ont pris des Corbeaux le taint noir du plumage,
Pour y faire obſerver la vigueur de ſon âge.
Ses yeux ſont de Colombe, approchant des Ruiſſeaux,
Dont le plumage blanc ſuit le courant des Eaux.
    Sa jouë eſt un parquet de choſes odorantes,
Et les fleurs de ſon teint ſont toutes excellentes :
Ses lévres ont des Lis une extrême douceur,
Et la Myrrhe admirable y répand ſon odeur.
Ses mains de Bagues d'or ſe trouvent ennoblies :
Ses Anneaux ſont remplis de richeſſes polies.
Il y faut dans ſon rang eſtimer la valeur,
Qui donne de la joye en ſa vive couleur.
Leur éclat a le prix de la noble Hyacinthe :
Son ventre a de l'yvoire une ſtructure ceincte,

Couverte de Saphirs enrichis tout autour,
De tout ce qui pourroit inspirer de l'amour.
Ses jambes d'un bel air, sont Colomnes de Marbre,
Dont les bases sont d'or : sa taille est d'un bel Arbre,
Tel qu'on verroit un Cedre aux sommets du Liban.
Son Palais est plus doux que le Mirabolan :
Ses attraits infinis le rendent adorable,
Comme ils le font aimer, parce qu'il est aimable.
Voila quel est celuy que j'aime infiniment.
Pourroit-on n'aimer pas un sujet si charmant ?
   Où s'en est-il allé vostre Amant desirable,
O l'aimable personne à ces beaux lieux semblable !
Où s'en est-il allé vostre adorable Amant ?
Et nous l'irons chercher par tout incessamment.

CHAPITRE VI.

L'Epouse se tient asseurée de l'Amour de son Amant. Les
loüanges de l'Epouse qui est l'Eglise. Celle-la mesme est
unique & parfaite : Elle est nommée Pacifique.

MON Amant est venu dans le Jardin des plantes,
Il a veû son parterre & ses fleurs odorantes,
Afin que son Troupeau paisse parmi les Lis.
Entre les Martagons qui sont tous si polis.
   Ne vous attristez pas, mon Amante fidele,
Car enfin à mes yeux, vous paroissez si belle,
Que Ierusalem mesme a peut-estre en effet
Un peu moins de beauté que vostre œil si parfait.
Ie voi tous vos appas, n'estant point partagée
Tout ainsi qu'une Armée en bataille rangée :
Mais détournez vos yeux, ils me pressent si fort,
Qu'ils me font bien sentir leur violent effort.
Vos cheveux, je l'ay dit, ressemblent à des Chévres
Ondoyantes portant certaine barbe aux lévres,
Descendant du sommet de Galaad en bas,
Faisant voir leur Troupeau, qui ne se lasse pas,

Vos dents telles encore estant si bien rangées,
A des Brebis montant du lavoir partagées.
Toutes ayant porté deux Iumeaux à la fois,
Avec fecondité, sans y laisser de choix.
Ma colombe parfaite est une Fille unique,
L'Unique de sa Mere, & mignarde & pudique;
Les Filles, qui l'ont veuë ont loüé son bon-heur,
Les Reines l'ont loüé, & les Filles d'honneur.
Quelle est donc celle-la qu'on voit comme l'Aurore,
Belle comme la Lune, & plus brillante encore,
Avec sa pureté, qui ressemble au Soleil?
Redoutable en armée avec son appareil?
Au Verger des Coudriers, j'ay bien voulu descendre
Pour voir fleurir la Vigne & la Grenade tendre.
Mais parmi tous ces soins, dans mon ressentiment,
Des chars d'Aminadab, j'ai pris le mouvement.
  Revenez, revenez, ô belle Sunamite,
Je desire vous voir si pleine de merite.

CHAPITRE VII.

*La beauté de l'Epouse en toutes les parties de son corps : Elle
s'asseure de l'Amour de son Epoux.*

*Les Comparaisons qui se lisent dans tout ce Chapitre, ne
font point du tout à nostre usage, & contiennent sans
doute beaucoup de difficulté.*

EN cette Sunamite, & dans son air si doux,
Admirable Sujet, que contemplerez-vous?
Quoy? que fera-ce donc? un triomphe d'Armée?
Qu'elle Troupe d'ailleurs n'en feroit point charmée?
Fille de Prince, ô Dieu, que vos appas font grands!
Parmi tant de beautez quels font vos concurrents!
De quel air marchez-vous, estant si bien chaussée!
De vos jambes la grace a toute autre passée.
Leur rondeur admirable, est faite comme au tour
Ouvrage merveilleux, digne de voir le jour.

Voſtre nombril reſſemble à quelque taſſe ronde,
Qu'une liqueur emplit, la plus douce du monde.
Voſtre ventre poli paroiſt un tas de bled,
Que rebordent des Lis d'artifice comblé.
Vos tettons ſont deux Faons de Daims de la Campagne,
Qui, jumeaux chacun d'eux l'un & l'autre accompagne.
Voſtre col eſt parfait, comme dans Heſebon
Les Picines le ſont, où tout paroiſt ſi bon,
A la porte qui fait cette ſimilitude,
De la Fille qui craint ſi fort la multitude.
Voſtre nez a cét air d'une Tour du Liban,
Qui regarde Damas ajuſtée en ſon plan.
Voſtre teſte s'éleve au deſſus de vous-meſme,
Ainſi que le Carmel d'une beauté ſupréme :
Et vos cheveux de ſoye ont certain air ſubtil
D'une teinture fine, où l'on voit chaque fil.

Quels attraits ſurprenants ? que vous eſtes aimable,
En delices ſans doute on vous tient admirable.
Voſtre Stature on peut comparer au Palmier :
Voſtre gorge aux Raiſins naiſſants d'un Pampre altier.
J'ay dit, je me veux donc élever ſur la Palme,
Me tenant à ſon tronc, attendant la Mer calme.
Voſtre ſein merveilleux, ainſi que des Raiſins
D'une Vigne feconde eſt pour vos Magazins.
Des Orangers fleuris, vous aurez voſtre haleine :
D'un grand Vin de ſanté la bouche ſera pleine,
Quand il fait begayer pour l'amour d'un Amant :
Et que pour cela meſme, il endort doucement.

A mon Illuſtre Amant je ſerai toute entiere :
Tous ſes deſirs pour moy ſeront pleins de lumiere.
Nous ſortirons enſemble, & nous irons aux Champs :
Nous nous arreſterons ſous les Myrthes penchants.
Levons-nous du matin, pour voir ſi de nos Vignes
Nous aurons bien du fruit, puis qu'elles en ſont dignes :
Si la grape ſe montre, & ſi les Grenadiers,
Ne ſe dementent point pour fleurir des premiers.

Là je vous donnerai mes Amours souhaitées,
Où les Truffes auront leurs odeurs apprestées.
Je garde en mon logis des fruits vieux & nouveaux,
Qui vous sont destinez aussi bons qu'ils sont beaux.

CHAPITRE VIII.

L'Epouse veut estre enseignée : Elle est appuyée sur son Epoux. La grande Amour qu'il porte à sa chere Epouse. L'Eglise est une Vigne qui apporte du fruit à Iesus-Christ son Epoux.

QUelle est cette personne en montant du Desert
Qui sur son cher Amant s'appuye à découvert ?
De delices remplie, elle se tient heureuse,
Je vous ai réveillée, & n'estiez point peureuse,
Sous un Pommier couchée, où de vous accoucha
Celle qui pour tout dire enfin vous enfanta,
Que je me trouve mis sur vostre cœur encore,
Comme un cachet fermé du soir jusqu'à l'Aurore.
Mettez-moy de la sorte ainsi sur vostre bras :
Car l'Amour violent, l'est comme le trépas.
L'Amour comme la Mort est plein de violence :
Et comme du Sepulchre, on connoist la puissance
Et de la jalousie, & de sa cruauté.
La braise à son ardeur parmi sa nouveauté :
Sa flame est excessive : & quand elle domine
Elle pourroit brusler les eaux de la Marine.
Amour ne sçauroit estre étaint par ces eaux-là,
Et leur débordement ne feroit point cela.
Tous les biens de quelqu'un n'y pourroient pas suffire,
Ou bien le méprisant, on n'en feroit que rire.
Nostre petite sœur n'a point encor de sein,
Si pour la marier, on avoit le dessein.
Que luy faudra-t-il faire, estant une muraille ?
Nous empescherons bien d'y donner la bataille.

Nous y pouvons baſtir par un ſoin diligent,
Ou quelque Citadelle, ou quelque Tour d'argent.
On y mettra du Cedre, apprenant d'autre ſorte,
Qu'il la faudra munir comme une belle porte.

Ie ſuis une muraille, où mon ſein découvert,
Sera fortifié de deux Tours de concert.
En cet eſtat ſes yeux m'ont trouvée agreable,
Comme celle qui plaiſt, & que l'on tient aimable.
Vne Vigne abondante au pacifique aimé,
Eſtoit dans l'opulence : il eſtoit eſtimé ?
Il afferme auſſi-toſt cette excellente Vigne,
Mille pieces d'argent, dont on la juge digne.
Celle qui m'appartient eſt toute devant moy,
Gardez l'argent promis au pacifique Roy :
Et que vos bons Fermiers en tirent deux cent pieces,
Du profit pretendu, pour eux & pour leurs Niepces.
O vous eſtant aſſiſe, au milieu des jardins,
Les Amis ont deſſein d'entendre vos deſtins.
Faites donc ſans delay, que voſtre voix s'entende,
Et que, pour m'éclaircir, ie faſſe une demande.

Fuyez, illuſtre Amant, retirez-vous d'icy,
Imitant le Chevreüil, qui court & paſſe ainſi,
Comme le Faon de Biſche, allant par les Montagnes,
Qui portent les parfums pour mes cheres Compagnes.

Fin du Cantique des Cantiques.

En tout 464, Vers.   Le 1. jour d'Avril 1677.

www.ingramcontent.com/pod-product-compliance
Ingram Content Group UK Ltd.
Pitfield, Milton Keynes, MK11 3LW, UK
UKHW021713090726
13657UKWH00005B/2225

LA SOLIDARITÉ SOCIALE

ET

SES NOUVELLES FORMULES

PAR

EUGÈNE D'EICHTHAL

Lu à l'Académie des sciences morales et politiques
dans la séance du 20 décembre 1902

PARIS

ALPHONSE PICARD ET FILS, ÉDITEURS

82, RUE BONAPARTE, 82

—

1903

LA SOLIDARITÉ SOCIALE

ET

SES NOUVELLES FORMULES

PAR

EUGÈNE D'EICHTHAL

Lu à l'Académie des sciences morales et politiques
dans la séance du 20 décembre 1902

PARIS

ALPHONSE PICARD ET FILS, ÉDITEURS

82, RUE BONAPARTE, 82

1903